AF313211

Edict du Roy Henry III. SVR LA REDVCTION

DE SES OFFICIERS, THRESORIERS payeurs de sa gendarmerie, au nombre de LXII. faict en Septembre, 1587.

Auec la Declaration du Roy, à present regnant, faicte sur iceluy Edict & Reduction desdicts Thresoriers payeurs au nombre de quatre vingts, du 16. Octobre. 1594. & l'Estat des noms & surnoms d'iceux tant anciens que nouueaux.

A PARIS,

Chez GILLES ROBINOT, tenant sa Boutique au Palais, en la galerie allant à la Chancelerie.

1608.

Auec Priuilege dudict Seigneur.

EDICT DV ROY HENRY III.

ſur la reduction des Officiers, Threſoriers & payeurs de ſa Gendarmerie, au nombre de LX.

HENRY par la grace de Dieu Roy de France, & de Pologne, A tous preſens & à venir ſalut : Noz predeceſſeurs Roys de loüable memoire, François premier noſtre ayeul, & Henry deuxieſme, noſtre tres honnoré Seigneur & Pere, ont faict durant leurs regnes, ſur le faict, ordre de viure de leur Gendarmerie, forme de montres & payemés d'icelle, de belles & ſainctes ordonnances, ſeló qu'il eſtoit neceſſaires pour l'entretenement d'icelle, meſmes noſtredit ayeul le Roy François, pour faire leſdicts payemens, auroit pour certaines conſideratiós par ſon Edict du mois de Feurier, mil cinq cens trente trois, creé & erigé en

A ij

chacune côpagnie de ſadicte Gédarmerie
vn payeur en tiltre d'office formé, auquel
ſeroit pouruecu vacát par mort ou reſignation, laquelle creation auroit eſté par noſtredit feu Seigneur & pere le Roy Henry,
confirmee par autre ſon Edict du moys
d'Octobre, mil cinq cens cinquâte deux, &
auſdits payeurs, tant en conſideration des
grãds frais qu'ils eſtoiét & ſont adſtraints
faire à l'exercice de leurs Offices, que pour
raiſon de la ſomme de ſix cens eſcus que
chacun d'eux paya lors actuellemét en ſes
parties caſuelles, leur attribua, A ſçauoir à
ceux qui payeroiét ſoixante Lances, & au
deſſus, ſix cés liures de gages, & à ceux qui
payeroiét cinquante lances, & au deſſouz,
quatre cens liures, à prendre iceux gaiges
par leurs maiſſeló & en la forme preſcripte
par ledict Edict, leſquels gages, tant ſur
les remonſtrances faictes par leſdicts payeurs, en l'annee mil cinq cens cinquante
ſept, pour n'eſtre côprins en l'Edict faict
d'vn alternatif en chacun Office de finance, & moyennant la ſomme de cinq cens
cinquante eſcus que chacun d'eux paya
encores lors comptant, leur furent aug-
mentez par noſtredit feu ſieur & Pere par

ſon Edict du mois de Decembre audit an, mil cinq cens cinquante ſept, de deux cés liures pour chacun, qui eſt pour leſdits payeurs de ſoixāte lāces & au deſſus, huiƈt cens liures, & de cinquante & au deſſouz, ſix cens liures de gages, auec les priuileges à eux cōcedez: Eſquels gages & priuileges iceux payeurs auroient depuis eſté entretenus par noz tres-honnorez freres les Roys Frāçois & Charles que Dieu abſolue, & nous depuis noſtre aduenement à la Couronne iuſques à preſent, que le nombre d'iceux payeurs limité lors de ladiƈte creatiō ſelō qu'il en eſtoit beſoin, eſt tellement accreu par les diuerſes creations qui en ont eſté faiƈtes du regne de noſtredit frere le Roy Charles & du noſtre, à cauſe du grand nombre de compagnies de Gēdarmerie nouuelle que depuis ce tēps auriōs eſté cōtraints leuer & mettre ſus pour la neceſſité de noz affaires, & empeſcher les mauuais deſſeīs que pluſieurs noz ſubieƈts ſeſtās par diuerſes fois eſleuez en armes, ont faiƈt cōtre le bien de noſtre eſtat, & en iceluy depuis vingt cinq ans & plus entretenu les troubles, cōme ils ſont enco res à preſēt, & à chacunes deſquelles com-

A iij

pagnies a esté par mesme moyen pourueu d'vn payeur, que non seulement les
grãds gages desdits Officiers nous appor-
tent vne charge insupportable sur le fõds
de noz finãces pour le peu de finance que
chacun d'iceux nouuellement pourueuz
ont payee en noz coffres, pour la cõposi-
tiõ de leurs Offices, qui est de six cẽs escus
au plus, portee par ladicte creation, mais
aussi vn desordre entre eux & au payemẽt
de nostredicte Gendarmerie, à laquelle
n'ayant moyen de faire faire montre, &
la payer de quartier en quartier, selon
qu'elle faisoit anciennemẽt, & qu'il seroit
requis pour nostre seruice, à cause des
grands despens que nous sommes con-
trainds faire à l'ẽtretenemẽt de plusieurs
gens de guerre estrangers & autres, pour
la defense & manutention de nostredit
estat: la plus grande & saine partie d'iceux
payeurs demeurent sans aucun exercice
en leursdictes Offices, & neantmoins
ioüissent desdits priuileges & gages y attribuez & de ladicte augmentation aussi,
ainsi que peuuent faire lesdits anciens
pourueuz, qui ont payé pour icelle lesdits
cinq cens cinquãte escus, pour le payemẽt

defquels gages f'il eft trouué quelquefois
faute de fonds en nofdites finances, par
lequel tous lefdits payeurs mefmes des ã-
ciens n'ayent peu eftre fatisfaits, & neantmoins aucuns d'iceux nouueaux pourueuz auoir efté payezau preiudice defdits
anciens : Seroit arriué vne infinité de
plainctes tant à noftre confeil d'Eftat que
par deuant noz amez & feaux les gens
de nos Comptes à Paris, à quoy defirans
par vn bon reglemét pourueoir,&retran-
cher le nóbre effrené defdits payeurs qui
fe trouuent à prefent pourueuz defdicts
Offices, & defcharger nofdictes finances
de tels gages exceffifs, donner ordre auffi
qu'à l'aduenir toutes fortes de perfonnes
ne foient admifes efdits Eftats, comme
fommes deuëment aduertis que plufieurs
y font entrez qui iamais ne firent profef-
fion de finance ny d'efcriture feulement,
pour la facilité qu'ils y ót trouuee& le peu
de finance qu'ils en ont payee, S ç a v o i r
f a i s o n s qu'apres auoir mis le tout en
deliberation de noftredit confeil d'Eftat,
où eftoient aucũs Princes & autres gráds
& notables perfonnages d'iceluy noftredit confeil, par l'aduis & deliberation d'i-

celuy auons dit, declaré, ſtatué & ordõné,
& par Ediẞ perpetuel & irreuocable, di-
ſons, declarons, ſtatuons & ordonnons,
voulons & nous plaiſt ce qui enſuit.

Premierement que doreſenauant & à
commencer du iour & datte de ces preſentes & ſuiuans les reiglemés cy deuant faits
par la reduction deſdits payeurs, auons le
nombre d'iceux qui ſe trouuerõt à preſét
pourueuz deſdictes Offices, reduit, & par
ce preſent noſtre Ediẞ les reduiſons au
nombre de ſoixante ſeulement, que nous
auons retenuz & retenons & qui ſeront
pris & choiſis, à ſçauoir de ceux qui ſont
ja pourueuz des compagnies des Princes
noz chers & bien amez Couſins, les Mareſchaux de France, noz Lieutenans gé-
neraux, Gouuerneurs de Prouinces & des
anciens pourueuz qui ont financé en ladicte annee mil cinq cens cinquante ſept,
ou de ceux qui en ont le droiẞ par reſignation ou ſuruiuance, & où il ne s'en
trouueroit de ladite qualité pour faire iuſques audit nombre de ſoixante, Nous
voulons eſtre pris des autres payeurs les
plus anciens pourueuz des autres compagnies ſelon l'ordre de leurs prouiſiõs, leſ-

quels soixante ainsi par nous retenuz, &
dont nous voulōs estre faict & dressé estat,
auròt la qualité de Thresoriers & payeurs
de nostredicte Gendarmerie, & neantmoins demeureront titulaires des Compagnies dont ils sont à present pourueuz,
desquelles nous voulons qu'ils facent les
payemens auecques ceux de toutes & chacunes les autres compagnies de nostredicte Gendarmerie, des Preuosts general
de Languedoc & de ceux de nosdicts cou-
sins les Mareschaux de France, selon les
departemens qui leur en seront faits &
baillez par noz amez & feaux Conseillers
les Tresoriers ordinaires de noz guerres,
ausquels nous éioignōs tref-expressemét
que faisant lesdits departeméts ils ayent à
choisir & eslire lesdits payeurs plus à pro-
pos & proches des lieux ou lesdites cōpagnies auront esté commandees pour nostre seruice, & suiuant noz ordonnances
les assigner pour le payement d'icelles en
noz receptes generales du taillon ou autres nos receptes, esquelles, ils pourroient
estre assignez les plus proches & commo-
des, aussi pour euiter aux frais des ports &
voitures de leurs deniers esquels nous

voulons qu'ils soient tant qu'il nous ser-
possible deschargez, & nostredit seruice
au payement de nostredicte Gendarmerie acceleré, sans que pour cet effect iceux
Tresoriers & payeurs retenus soient ab-
straints ne tenuz de prédre de nous autre
nouuelle prouision ne bailler autres cautions que celles qu'ils ont cy deuant baillees pour l'exercice de leursdites offices.

Voulons & ordonnós que à l'aduenir il
ne soit ou puisse estre pourueu à aucũ d'i-
ceux Offices de Thresoriers & payeurs de
nostredicte gendarmerie par creatió nouuelle ou autrement, pour quelque cause
ou occasion que ce soit, excedans ledict
nombre de soixante seulement, & au cas
que par importunité ou autrement en fut
par nous pourueu : Nous les auons declarez & declarons dés à presét esteins & sup-
primez, defendant tres-expressement à
nostre trescher & feal Chancelier d'en
seeller aucunes prouisions, à noz amez &
feaux Conseillers les Intendans & Con-
trerolleur generaux de noz finances, Se-
cretaires d'Estat & de nosdictes finances,
d'en taxer, contreroller aucunes quittã-
ces, ne signer aucunes desdictes proui-

uons : au Thresorier de noz parties casuelles d'en prédre aucús memoires pour
les mettre en taxe, ausdits Thresoriers ordinaires de noz guerres presens & à venir,
d'en receuoir aucun, ou aucuns au sermét,
leur dóner aucunes attaches ny payer aucuns gages, & à noz gens des Comptes
d'en passer ny allouer aucuns és Comptes
de nosdicts Thresoriers ordinaires pour
plus grand nombre que desdits soixante,
ainsi par nous retenus, & que suiuant les
ordonnances cy deuant faictes sur l'ordre
& payement d'icelle nostredicte gendarmerie, tous lesdicts soixante payeurs retenuz, soient resseans, & de la qualité requi-
se sans que à l'aduenir il y puisse en quelque sorte que ce soit entrer aucuns Mar-
chans, voulát que s'il y en a aucús ils soiét
tenuz de se demettre de leurs estats dedás
vn moys, en payát par eux la finance pour
la resignation qui par eux en sera faicte,
ou laisser leur traffic, sur peine de priuatió
de leursdictes Offices:

Desquels soixante Tresoriers & payeurs
pour rendre lesdits Offices de mesme valeur & à mesmes gaiges, leur auons à chacun d'iceux attribué & attribuons par ce

preſent noſtre Edict, deux cens ſoixante
ſix eſcus deux t ers de gages par chacũ an,
leſquels gages nous voulons & ordonnons leurs eſtre entierement payez,
par leſdits Threſoriers ordinaires de noz
guerres : & des deniers de leurs charges
de quartier en quartier, encores que noſtredite gendarmerie ne fuſt payee, & que
lors que les aſſignations leur ſeront par
eux baillees, pour le payement deſdictes
compagnies de noſtredite gendarmerie,
iceux noſdits Threſoriers ordinaires, leur
baillent auſſi leſdits gages, & leur permet-
tent iceux retenir par leurs mains des deniers reuenãs bons des payemens par eux
faits, ſi aucuns ſ'en treuuent en conſideration de la finance qu'ils & chacun d'eux,
ont actuellement payé en noz parties Caſuelles, & que pour le regard des autres
compagnies, dont ils feront les payemés,
outre celles dont ils ſeront titulaires, il
leur ſoit payé par noſdicts Treſoriers ordinaires, comme il eſt accouſtumé faire,
& ſuiuant noz ordonnances, la ſomme de
vingt cinq eſcus, pour le payemét de chacune compagnie, & pour chacun quartier:
comme auſſi les gages & taxations pour

lefdicts Preuofts general de Languedoc,
& de ceux de nofdits Coufins, les Marefchaux de France, accouftumez: en confideration des frais qu'ils font tenuz faire
pour le recouuremēt de leurs affignatiõs,
port & voiture de deniers : & aduenant
auffi que aucuns d'iceux payeurs fuffent
departis en noz Cāps & Armees, ou prouinces lointaines, où ils feroient contraincts de faire long feiour, pour faire
lefdicts payemens extraordinairement,&
que à cefte occafion les grands fraiz qu'ils
pourroient faire pour lefdits feiour, Re-
couurement defdictes affignations, ports
& voictures, paier efcortes & autres frais
qu'il leur conuiendroit faire pour la feure-
té de nos deniers qui excederoient de
beaucoup leurfdicts gages & taxations:en
ce cas faifant apparoir de leurfdicts feiour
& frais. Nous voulons auffi que fuiuant
l'ordonnance faite par noftredit Frere le
Roy Charles, au mois de Iuillet, mil cinq
cens foixante huict, Taxe leur en foit faite
par noftredit Confeil, & intendans de nofdites finances, felon & ainfi qu'ils aduife-
ront eftre raifonnable, voulans auffi que
dés à prefent ceux qui ferõt ainfi par nous

retenuz iufques audit nombre de foixãte
mefmes ceux qui ont financé en ladite année mil cinq cens cinquante fept , foient
actuellement payez de ce qu'il leur eft deu
de leurs gages de la prefente année, par
nofdits Treforiers ordinaires des guerres,
aufquels nous mandons ainfi le faire fans
attendre de nous autre commandement
plus fpecial.

Pour lefquels gages de deux cens foixãte fix efcus deux tiers, chacun defdits Soixante Treforiers & payeurs par nous retenus qui fe trouueront n'auoir actuellement financé, iufques à la fomme de vnze cens cinquante efcus, qui eft mefme finance qu'ont payé lefdits anciens pourueuz, feront tenuz parfournir icelle en
nofdictes parties cafuelles, & ce dedans
vn mois apres la publication & verification faicte de noftredit prefent Edict, ou
befoin fera, autrement & à faute de ce faire feront receuz & retenuz en leur place
& ordre ceux du nombre des autres, que
nous entendons reduire, qui y voudront
entrer : fur laquelle fomme de vnze cens
cinquante efcus, Nous voulons & entendons toutesfois qu'il leur foit precompté

& deduit ce qui se trouuera auoir esté par
eux ja financé pour la côposition de leursdites Offices, & entré en nos finances
par quittance vallable, selon la verificatiõ
qui en sera bien & deuëment faicte en nostredit Conseil, ou autres qui à ce seront
par nous deputez.

Par laquelle verification, aduenant qu'il
se trouuast aucun desdits soixante Tresoriers & payeurs retenuz & anciens pourueuz de deux diuers payemens, non des-
membrés, pour chacun desquels ils eussêt
soparement financé, & pour l'vnplusque
ladite somme de vnze cens cinquante escus : en ce cas voulons & ordonnons que
ce qui se trouuera exceder icelle somme
de vnze cens cinquante escus, suppleera
au parfaict payement de la finance de pa-
reille somme pour l'autre desdicts payemens, de l'vn desquels toutesfois ilsera
tenu dedans quatre moys apres la
publication dudit present Edict, se defai-
re & resigner és mains de personne capa-
ble & suffisant, qui en prendra prouision
de nous, sans pource payer aucune finâce,
de laquelle prouision il sera tenu faire apparoir ausdits Thresoriers ordinaires de

nos guerres , faire & prefter le ferment &
& bailler caution , pour les caufes , &
felon qu'il eft accouftumé faire.

Aduenant auffi qu'il fe trouuaft autres
defdicts foixante retenuz, qui ne peuffent
faire apparoir d'aucune quitance de finãce payée pour la compofition de leurs Offices, cõme il fe pourroit faire que aucũs
d'iceux en auroiẽt cõpofé auecquesperfõ-
nes aufquelles il en auroit efté fait dõ par
nofdicts predeceffeurs Roys, en confi deration de feruices ou autrement, & lefquels n'en auroient eu aucune quitance
de nofdictes parties cafuelles, attẽdu qu'il
ne feroit raifonnable que iceux fuffent
fruftrez , & perdiffent en pure perte ce
qu'ils en auroiẽt ja payé. Nous voulõs &
ordonnõs que la fõme de fix cẽs efcus payée par lefdits anciens pourueuz pour la
premiere finãce d'iceux leurs offices,leur
foit precõptée & rabbatue fur ladite fõme
de vnze cẽs cinquãte efcus,fans que pour
ce ils foiẽt tenuz en rapporter aucunequi-
tãce de nofdites parties cafuellesdõt nous
les auõs defchargez,releuez,& difpenfez.

Voulons & ordonnons auffi , que fe
trouuans aucuns d'iceux Soixante retenus

nous ou autres ayãt droit d'eux qui n'euſſẽt
moyẽ, & ne peuſſẽt ſuppleer au parfait de
ladite finãce de vnze cẽs cinquante eſcus,
qu'ils puiſſẽt & leur ſoit loyſible de reſi-
gner leurſdites Offices à telles autres per-
ſonnes capables qu'ils aduiſeront, ce que
nous leur permettõs & accordõs, auſſi, ſãs
pource payer aucune finance, à la charge
toutesfois , que le reſignataire ſera tenu
prẽdre prouiſiõ de nous cõme il eſtaccou-
ſtumé faire, & payera en noſdites parties
caſuelles auparauant que d'auoir ſeſdites
lettres de prouiſiõ, ledit ſupleemẽt cõme
les autres, auecques leſquels il entrera au
lieu & ordre dudit reſignant.

Et pour le ſurplus deſdicts Officiers,
Threſoriers , & payeurs de noſtredicte
gendarmerie qui en ſont pourueuz cõme
dit eſt, excedant ledit nombre de ſoixãte,
ainſi par nous retenuz, ne pouuans pour
les grands & vrgens affaires que nous a-
uons à preſẽt en ceſtuy noſtre Royaume,
entrer en leur rembourſemẽt de la finãce
qu'ils nous peuuent auoir payée, comme
nous deſirerions faire: nous les auons
renuoyez, & par ce preſẽt noſtre Edit, les
rẽuoyons en leurs maiſons pour iouir en

icelles leur vie durãt des priuileges à eux
cõcedez & accordez par la creatiõ de leurs
dites Offices, Enſẽble eux & leurs heritiers
de la Rẽte de ladite finance par eux actuellement payée en noz coffres, à raiſon du
denier dix, de laquelle rente nous voulõs
iceux eſtre aſſignez & payez ſur les receptes generalles ou particulieres de noſtre
Taillon, le plus commodement que faire
ſe pourra pour chacun d'iceux, apres la verification faite de leurſdictes finances en
noſtre chambre des Comptes à Paris auſquels renuoyez nous permettons neantmoins que aduenant vacation par mort
deſdicts Officiers ainſi par nous retenuz,
qu'ils puiſſẽt entrer en leurs places & ſoyẽt
pourueuz deſdicts Offices, ſelon l'ordre
de leurs prouiſions, auſquels nous voulõs
qu'ils ſoyent preferez, & la finance qu'ils
auront ja payée deduite ſur la taxe qui en
aura eſté faicte en noſtredit Cõſeil, auecques l'extinction de ladite rente qui leur
aura eſté attribuée pour icelle.

Et pour donner occaſion auſdicts Soixante Treſoriers & Payeurs de noſtredicte gendarmerie, de bien & fidellement
verſer en leurſdits Eſtats & Offices, leurs

uons confirmé, & confirmons par cefdi-
ctes prefentes, tous les priuileges & exé-
ptions, à eux cy deuant octroyez & accordez, defquels voulons & entendons, &
nous plaift qu'ils iouyffent plainement &
paifiblement, ainfi qu'il eft porté par lefdicts priuileges, auec exception d'Hoftes,
attendu le maniement qu'ils ont de noz
deniers, mandât aux Marefchaux de noz
logis, Fourriers & autres eftans à noftre
feruice & fuite, enfemble à ceux des compagnies de noftredicte Gendarmerie, &
gens de pied de loger ne fouffrir eftre logé
quelque perfonne que ce foit és maifons
& logis d'iceux nofdicts Officiers de no-
ftredite Gendarmerie, fur peine de fufpé-
fion de leurs Eftats, & priuation de leurs
gages : Permettant à iceux nofdits Officiers fuiuât l'Edit fur ce fait en l'annee mil
cinq cens foixante huict, que s'ils appofét
quelque marque en leurfdictes maifons,
ils puiffent & leur foit loifible de les effacer
& demarquer.

Le furplus des autres ordonnances faictes fur l'ordre & payemét d'icelle noftre-
dite Gendarmerie, demeurant en leur
force & vertu.

C ij

Si donnons en mandement à noz amez
& feaux les gens de noz Comptes, de la
Cour de noz Aydes à Paris, & à noz amez
& feaux les Mareschaux de France & autres noz Officiers qu'il appartiendra, que
noz presens Edict, vouloir, declaration &
intention, ensemble tout le contenu cy
dessus, ils entretiennent, gardent & ob-
seruent, & facent de point en point inuio-
lablement entretenir, garder & obseruer,
lire, publier & enregistrer en leurs Cours,
sans aller ne venir au côtraire en quelque
sorte & maniere que ce soit, & de tout chacun desdits payeurs, pour son regard, fa-
cêt, souffrêt & laissêt ioüir plainemêt & pai-
siblemêt sãs difficulté : Car tel est nostre
plaisir : Nõobstãt quelcõques ordonnãces
faites sur ledit ordre & payemêt de nostre-
dite Gêdarmerie, & autres à ce contraires,
ausquelles pource regard nous auons derogé & derogeons par cesdites presentes.
Donné à Paris, au mois de Septêbre, l'an
de grace, mil cinq cens quatre vingts sept,
& de nostre regne le quatorziesme, & au
dessoubs est escrit, *Visa,* & plus bas, Par le
Roy, estant en son conseil signé Pinatr,
& au dessouz est encores escrit, Leu publié

& Regiſtré en la Chambre des Comptes,
oy le Procureur general du Roy, à la charge que les ſoixante Treſoriers & payeurs
qui ſont retenus par ledict Edict, ſeront
prins & choiſis du nombre de ceux qui
ſont pourueuz ſur les anciennes creatiõs,
ou qui ont le droict par reſignatiõ, à con-
ditiõ de ſuruiuance d'iceux payeurs, pour
iouïr de tels & ſemblables gages qui leur
ſont ordonnez & attribuez par les Edicts
& reglemens faits ſur le payement des
Officiers de la Gẽdarmerie, le vingt neufieſme iour de Decembre, l'an mil cinq
cens quatre vingts ſept. Signé. DANEZ.
Et ſeellé en las de ſoye ſur double queuë
de cire verte.

VEu par la Chambre, les lettres patentes du
Roy, en forme d'Edict, donnees à Paris au
mois de Septembre, mil cinq cens quatre vingts
ſept, Signees, Par le Roy eſtant en ſon conſeil.
Pinart. Par leſquelles, & pour les cauſes y contenuës, ledit ſieur a reduit & reglé le nombre ex-
ceſſif de ſes Officiers, Threſoriers & payeurs de
ſa Gendarmerie, qui ſe trouuent à preſent pourueuz au nombre de ſoixante ſeulement, que ledit
ſieur a retenuz pour doreſenauant faire tous
& chacuns les payemens des compagnies d'icelle

Gendarmerie, & qu'ils seront prins & choisis
de ceux qui sont ja pourueuz, des payemens des
compagnies des Princes, Mareschaux de Frãce,
Lieutenans generaux, & Gouuerneurs de Prouinces des anciens pourueuz. Aussi qui ont finã-
cé cinq cens cinquante escus en l'annee mil cinq
cens cinquante sept, ou de ceux qui ont le droict
par resignation ou suruiuance, & pour parfaire
ledict nombre de soixante des autres les plus anciens pourueuz des autres compagnies, selon l'ordre de leurs prouisiõs, & à iceux soixante retenuz,
attribués doresenauant à chacuu deux cens soixante six escus deux tiers de gages par chacun an,
à la charge que chacun d'eux qui n'aura actuellement financé és parties casuelles, iusques à la
sõme de vnze cens cinquãte escus sol pour le com-
positiõ de sõdit Office, & cõme õt fait ceux qui õt
esté pourueuz dés auparauãt ladite annee mil cinq
cẽs cinquãte sept sera tenu parfournir le surplus
dans le temps porté par ledict Edict, & selon
& ainsi qu'il est plus au lõg cõtenu & declaré par
iceluy. Regristré en ladite Chambre le vingtneufiesme iour de Decembre, mil cinq cens quatre
vingts sept, à la charge que les soixãte Tresoriers
& payeurs qui sont retenuz par ledit Edict, serõt
prins & choisis du nombre de ceux qui sont pourueuz sur les anciennes creatiõs, ou qui ont le droit

par reſignation, à condition de ſuruiuance d'iceux
payeurs, pour iouir de tels & ſemblables gages qui
leur ſont ordonnez & attribuez par les Edicts
& reglemens faits ſur le payement des Officiers
de la Gendarmerie: autres lettres patētes du Roy,
donnees à Paris le douzieſme iour de Ianuier, mil
cinq cens quatre vingts huict dernier paſſé, ſi-
gnees, Par le Roy en ſon conſeil. Brulart, contenant iuſſion & mandement treſ-expres à ladicte
Chambre, de proceder incontinent à la verificatiō
pure & ſimple dudit Edit , & ſelon ſa forme &
teneur, ſans y faire aucune retrinction, modification ne difficulté, nonobſtant le ſuſdit. Arreſt du
vingt-neufieſme Decembre, mil cinq cens quatre
vingts ſept , & toutes oppoſitions qui ſeroient ou
pourroient eſtre formees au contraire, ſoit par aucun ou aucuns deſdits Officiers payeurs de ladicte
Gendarmerie, tant anciens que nouueaux pourueuz, leſquelles ſi aucunes auoient eſté ou eſtoiēt
formees, ledit ſieur veut eſtre renuoyees en ſon cō-
ſeil, pour en iceluy eſtre iugees & decidees : oy ſur
ce le procureur general dudit Seigneur: Et tout
conſideré, La chambre a entheriné & entherine
leſdictes lettres d'Edict ſelon leur forme & teneur, à la charge que les ſoixante Treſoriers &
payeurs retenuz ſeront des anciens receuz, &
ſelon les anciennes prouiſions. Faict le ſixieſme

iour de Feburier, l'an mil cinq cens quatre vingts
huict, & au deſſouz eſt eſcrit Extraict des re-
giſtres de la Chambre des Comptes.
Signé,   DANES.

L'ESTAT DES NOMS ET SVRNOMS

de ſoixante Officiers payeurs de la Gendarmerie, que le Roy a retenuz pour faire tous les payemens d'icelle, ſelon & ſuiuant ſon Edict de reduction faict au mois de Septembre, 1587
& la verification d'iceluy en ſa Chambre
des Comptes à Paris, le ſixieſme iour de Feburier dernier, leſquels ſuiuant ledit Edict doiuent payer & ſuppleer à la finance de leurs Offices, iuſques à la ſomme de vnze cens cinquante
eſcus ſol, pour auoir deux cens ſoixante ſix eſcus
deux tiers de gages doreſenauant par chacun an,
& pour chacun deſdits payeurs, le tout ſuiuant
ledit Edict, & qu'il eſt particulierement eſcrit
& cotté ſur chacun des noms d'iceux payeurs cy
apres declarez.

PREMIEREMENT.

IA Q V E s de Richer payeur de la Gédarmerie, pourueu le cinquieſme de
Mars, cinq cens cinquante ſept, de
l'Office de payeur de la compagnie
de monſieur de Rendan, à preſent de môſieur
de Malicorne.　　　　　cc. lxvj eſcus ii. tiers.

Luy encores pourueu l'vnzieſme Iuin, mil
cinq cens cinquante neuf, de la compagnie de
monſieur le Vidame de Chartres, à preſent de
celle de monſieur de Piçnnes.　　　cc. lxvj
eſcus ij.. tiers.

D

Iean Gonnard payeur titulaire en l'an cinq
cens cinquante sept, à present de la compagnie
de monsieur le Prince de Condé.   cc. lxvi.
escus. ii. tiers.

François du Pót pourueu le vingt-troisiefme
Septembre soixante trois, de la compagnie de
monsieur de Longueuille. cc. lxvi.escus ii. tiers.

Iean Gedoyn pourueu titulaire le vingt-deu-
xiefme Octobre soixante trois, de la cópagnie
de mósieur le Marefchal de sainct André, à present de celle de monsieur le Marefchal de Rets.
cc. lxvi. escus ii. tiers.

Eftienne Vacher pourueu le cinquiefme Feburier cinq cens soixante cinq, de la compagnie
de monsieur de Sauoye, & par son deceds des
sieurs de Palmiers & la Chambre,
cc. lxvi. escus. ii. tiers.

Pierre Bermond pourueu le septiefme Iuillet
soixante cinq, de la compagnie de monsieur de
Sommeryue, & depuis des sieurs Viconte de
Thurenne & de Carces. cc. lxvi. escus ii. tiers.

Loys Hubaut pourueu le neufiefme Iuin soixante & dix, de la compagnie de monsieur le
Duc d'anjou, à present de celle de monsieur
de Chemerault.   cc.lxvi. escus ii. tiers.

René Perdreau pourueu le vingt septiefme
Feburier septante & vn, de la compagnie de
monsieur le Marefchal De Matignon. cc.lxvi.
escus ii. tiers.

Nicolas Guenard pourueu le quatriefme A-
uril , septante & vn, de la compagnie de mon-

ſieur de Montluc , & par ſõ deceds des ſieurs
de Monteſquiou & Fonteuilles.   cc. lxvi.
eſcus ii. tiers.

Iean Boyleau pourueu le vingt-troiſieſme
Mars ſeptãte & deux, de la compagnie de monſieur le Marquis de Neſle.cc. lxvi. eſcus ii. tiers.

Hugues le Febure pourueu le huictieſme
Iuillet, cinq cens ſeptante & deux , de la compagnie de monſieur de la Vauguyon. cc. lxvi.
eſcus ii. tiers.

Iacques Desfilets pourueu le dix-neufieſme
Iuillet, ſeptante & deux , de la compagnie de
monſieur de Souuré.   cc. lxvi. eſcus, ii tiers.

Pierre Berault pourueu le neufieſme iour
d'Aouſt, ſeptante & deux, de la compagnie de
monſieur de Thoré   .cc. lxvi. eſcus ii. tiers.

Anthoine Chartier pourueu le deuxieſme
Septembre, ſeptante & deux de la compagnie
de monſieur le Mareſchal d'Aumont. cc, lxvi.
eſcus ii. tiers.

Iean Douet pourueu le dix-ſeptieſme Septé-
bre ſeptante & deux de la compagnie de monſieur de Carrouges.   cc. lxvi. eſcus ii. tiers.

Iacques de la Croix pourueu le vingt-cin-
quieſme Septembre, ſeptante deux, de la compagnie de monſieur le Comte de Lamirande.
cc. lxvi. eſcus ii. tiers.

Nöel Barbillon pourueu le vingt-deuxieſme
Octobre, ſeptante & deux, de la compagnie de
monſieur D'aumalle.   cc. lxvi. eſc. ii tiers.

Pierre Aubin pourueu le vingt-neufieſme

Octobre, septante & deux, de la compagnie de
monsieur de Meru.   cc, lxvi. escus ii. tiers.

Iean Baiouë pourueu le
iour de   septante & deux, de la
compagnie de monsieur de Vasse.
                   cc. lxvi. escus ii. tiers.

Iean le Seiller pourueu le vingt & vniesme
Ianuier, septante & deux, de la compagnie de
monsieur de la Tour, depuis de monsieur de
Maintenon. ·   cc. lxvi escus ii. tiers.

Pierre du Val pourueu le vingt cinquiesme
Ianuier septante & deux, de la compagnie
de monsieur de la Meilleraye. cc. lxvi. esc. ii. t.

Claude Bouuot pourueu le trentiesme Mars
septante trois, de la compagnie de monsieur
Dantragues.   cc. lxvi. escus ii. tiers.

Iean du Perray pourueu le vingt-siziesme
Iuin septante trois de la compagnie du Roy de
Nauarre.   cc. lxvi. escus ii. tiers.

Denis Champflour pourueu le vnziesme Iuillet septante trois, de la compagnie de monsieur
le Compte de Baudemont, & à present des
Marquis de Chaussein & de Challigny.
cc. lxvi. escus ii. tiers.

Pierre le Sec pourueu le vingt-deuxiesme
Iuillet, septante trois, de la compagnie de monsieur de Bellegarde.   cc. lxvi escus ii. tiers.

Michel Musnier pourueu le seiziesme Nouē-
bre, septante trois, de la compagnie de monsieur le Marquis du Pont à Mousson.   cc. lxvi.
escus ii. tiers.

Pierre Galmet pourueu le
iour de   septante trois, de la
cópagnie de monsieur le Mareschal de Tauannes, & apres son deceds Messieurs de Tauannes
ses enfans.   cc. lxvi. escus ii. tiers.

André Canaye pourueu le septiesme iour
d'Aoust, septante quatre, de la compagnie du
sieur Francisque d'Est.   cc. lxvi. escus ii. tiers.

Gaspard de Merle pourueu le vingtiesme O-
ctobre, septante trois, de la compagnie du sieur
de Mandelot.   cc. lxvi. escus ii. tiers.

Aubert Courtin pourueu le vingt-quatries-
me Decembre, septante trois, de la compagnie
de monsiieur de Theualles. cc. lxvi. escus ii. t.

Iean Boulanger pourueu le dernier Decembre, septante quatre, de la compagnie de monsieur de Brosses.   cc. lxvi. escus ii. tiers.

Adam Bajouë pourueu le vingt-sixiesme Feburier, septante cinq, de la compagnie de monsieur le Prince de Dombes. cc. lxvi. escus ii. t.

Claude Michel pourueu le quinziesme A-
uril, septante cinq, de la compagnie de monsieur le grand Prieur de Champagnie.
cc. lxvi. escus ii. tiers.

Iulian Collin pourueu le dernier Auril, septante cinq, de la compagnie du sieur de Bourdeilles.   cc. lxvi. escus ii. tiers.

René Charlot pourueu le dix-huictiesme
Aoust, septante cinq, de la compagnie du mósieur de Lauardin.   cc. lxvi. escus ii. tiers

Iean Faure pourueu le seiziesme Octobre, sep-

tante cinq, de la compagnie du ſieur de ſainct
Heran.   cc. lxvi. eſcus ii. tiers.

François Iaquelot pourueu le dixieſme Nouembre, ſeptante cinq, de la compagnie de mõſieur de la Hunaudaye. cc. lxvi. eſcus ii. tiers.

Iean le Maiſtre pourueu le trentieſme Ianuier ſeptante ſix, de la compagnie de monſieur
le Duc Delbeuf.   cc. lxvi. eſcus ii. tiers.

Florent Adam pourueu le ſeptieſme Feburier,
ſeptante ſix, de la compagnie du ſieur de Carmain.   cc. lxvi. eſcus ii. tiers.

Pierre le Charrõ pourueu le dernier Feburier,
ſeptante ſix, de la compagnie de monſieur Deſtauges.   cc. lxvi. eſcus ii. tiers.

Balthazar Chanſſon pourueu le quatrieſme
May, ſeptante ſix, de la compagnie de monſieur
le Mareſchal de Mõt-morancy. cc. lxvi. eſc. ii. t.

Gabriel le Gallois pourueu le douzieſme Iuillet, ſeptante ſix, de la compagnie de mõſieur
de Maugiron,   cc. lxvi. eſcus ii. tiers.

Georges le Royer pourueu le neufieſme
Aouſt, ſeptante ſix, de la compagnie de monſieur de Mercueur.   cc. lxvi. eſcus ii. tiers.

Pierre Amadon pourueu le dix-huictieſme
Aouſt, ſeptante ſix, de la compagnie de monſieur de Clermont de Lodeſice, cc. lxvi. eſc ii. t.

Iean Iacquelin pourueu le trentieſme Octobre, ſeptante ſix, de la compagnie du ſieur de
Bouille.   cc. lxvi. eſcus ii. tiers.

Iean Morel pourueu le dixieſme Nouembre,
ſeptante ſix, de la compagnie de monſieur le

Prince de Geneuois.   cc,lxvi. escus ij. tiers.

Iacques de Vades pourueu le iour de   , septante six, de la compagnie de monsieur de Brion. cc. lxvi. esc. ii. t;

François Massilian pourueu le vnziesme Feburier, septante sept, de la compagnie de monsieur de Suze,   cc. lxvi. escus ii. tiers,

Mathurin Georgeau pourueu le vnziesme Feburier, septante sept, de la compagnie du sieur de Laudreau,   cc lxvi escus ii. tiers.

Alexãdre Tabois pourueu le treziesme Mars, septante sept, de la compagnie de monsieur de Fontaines. cc. lxvi. escus ii. tiers.

Pierre Maugeant pourueu le dix-huictiesme Mars, septante sept, de la compagnie du sieur de Bajaumont.   cc. lxvi. escus. ii tiers

Thibault des Portes pourueu le vingt-cinquiesme Mars, septante sept, de la compagnie du sieur de Lansac le ieune. cc. lxvi escus ii. tiers

Iean de Fleurs pourueu le vingt-cinquiesme Mars, septante sept, de la compagnie du sieur de Myrepois.   cc. lxvi. escus ii. tiers.

Georges Iaupitre pourueu le vingt-sixiesme Mars, septante sept, de la compagnie du sieur de Rochebaron.   cc. lxvi. escus ii. tiers.

Anthoine Coeffier pourueu le vingt sixiesme Mars, septante sept, de la compagnie du sieur de sainct Vidal.   cc. lxvi. escus ii. tiers.

Loys de Tours pourueu le vingt-septiesme Mars, septante sept, de la compagnie du sieur de sainct Chaumont. cc. lxvi. escus ii. tiers.

Nicolas Bouuot pourueu le trentiesme Mars, mil cinq cens septante sept, de la compagnie du sieur de Rochepot. cc. lxvi. escus ii tiers.

Denys Amyot pourueu au moys de Mars, mil cinq cens septante sept, de la compagnie du sieur de Vaillac. cc. lxvi. escus ii. tiers.

Guillaume du Fayot pourueu le dernier iour de Mars, septante sept, de la compagnie du sieur de Haultefort. cc. lxvi. escus ii. tiers.

Nombre desdits Officiers, Thresoriers & payeurs de ladite Gendarmerie, retenuz pour faire tous & chacuns les payemens d'icelle Soixante.

Faict à Bloys le dix-huictiesme iour de Septembre, l'an mil cinq cens quatre vingts-huict.
  Signé,   POTIER.

DECLARATION DV ROY
Henry IIII sur l'Edict precedent du moys de Septembre, ~~1592~~ *1587*

ENRY par la grace de Dieu Roy de France, & de Nauarre, A tous ceux qui ces presentes lettres verront, Salut. Le feu Roy Henry dernier decedé, nostre tres-honoré sieur & Frere, que Dieu absolue, recongnoissant la charge que luy apportoit en ses finances, le payement des gages d'vn nombre excessif, & effrené de ses Officiers, Payeurs des Compagnies de sa gendarmerie, qui auoient esté pourueus de son regne, & des defuncts Roys nos predecesseurs: François deuxiesme, & Charles neufiesme: A cause des Compagnies de gendarmeries nouuelles qu'ils auoient esté contraincts leuer & mettre sus, pour le besoing qu'il en estoit à la conseruation de cest Estat, & ausquelles suiuant les Ordõ-

E

nances faites par defuncts de tres-louable
memoire, les Roys François premier &
Henry deuxiefme, auroit efté pourueu
d'vn payeur particulier à chacune compagnie, auroit pour y donner vn ordre &
reglement par fon Edict, faict au mois de
Septembre quatre vingts fept, voulu &
ordonné que ledit nombre defdicts Officiers, Payeurs defdites Compagnies qui
eftoient lors pourueuz, fuft retranché &
reduit au nombre de Soixante feulement
lefquels auroient d'orefnauant la qualité
de Treforiers & Payeurs de fa gédarmerie
pour en faire tous & chacuns les payemēs
felon les departemens qui leur en feroiēt
faicts par les Threforiers ordinaires de fes
guerres, & des gages ordinaires à chacuń
defdits foixante retenuz iufques à deux
cens foixante fix efcus deux tiers, par tha-
cun an : Et les taxations extraordinaires
ordonnées par fondit Edict, à la charge
que ceux qui fe trouueroient n'auoir a-
étuellement financé es parties cafuelles de
fa Majefté, pour la compofition de leurs
Offices, la fomme de vnze cens cinquante efcus fuppleroient iufques à ladite fō-
me : Et pour le regard des autres qui fe

ſe trouueroient exceder ledit nõbre de Soixante, reduits & renuoyez en leurs maiſons pour auoir la réte de la finance, qu'ils
verifieroient auoir chacun d'eux payée
pour l'achat de leurs Offices, le tout pour
les cauſes, ſelon & ainſi qu'il eſt bien am-
plement & particulierement contenu &
declaré par ledit Ediȼt, ſuyuant lequel &
la verification d'iceluy, faite en la Chambre des Comptes à Paris, le ſixieſme iour
de Feburier, mil cinq cens quatre vingts-
huiȼt : Par laquelle eſt porté que leſdiȼts
Soixante retenus ſeroient des anciens receuz, & ſelon les anciennes prouiſions, ledit Eſtat d'iceux Soixáte auroit eſté dreſ-
ſé & arreſté en ſon Conſeil tenu à Bloys,
au moys de Septembre, quatre vingts-
huiȼt : Et iceluy baillé aux Threſoriers ordinaires des guerres, pour le ſuiure & exe-
cuter ſelon & ſuyuant l'intention de ſadite Majeſté : Lequel reglement n'auroit e-
ſté toutesfois ſuiuy ne executé par le
moyen des troubles, incontinant apres
aduenuz en ce Royaume par les Ligues &
coniurations d'aucuns mal affeȼtiõnez au
bien & repos de l'Eſtat. Qui a cauſé le per-
uertiſſement d'vn bon ordre qui auoit

esté estably au fait desdits Payeurs, d'au
tant que durant lesdits troubles aucuns
du nombre desdits reduits, se seroient
fait pouruoir és lieux & places de ceux
qui auoient esté retenuz dudict nombre desdits Soixante, les vns par forfaictu-
re & rebellion des absens qui residoient
és villes rebelles, & les autres par le defaut
de ceux tant d'vn que d'autre party, qui
n'auoient faict supplément, ainsi qu'ils e-
stoient tenuz par ledit Edict, & aussi que
noz bonnes villes, & notamment celle de
Paris, Capitale de nostre Royaume, ve-
nans à se remettre en leur deuoir sous
nostre obeissance : Nous auons par les
traictez qui en auroient esté faicts, accordé ceste grace aux habitans & Officiers
d'icelle, de les restablir & remettre en leurs
biens, dignitez & offices, & promis les y
conseruer & maintenir, mesmement lesdits payeurs, tant par lesdits traictez en general que par noz lettres de prouisió que
nous leur en auons faict expedier en particulier : Tellement que en la plufpart d'i-
ceux offices de payeurs il se seroit trouué
deux diuerses personnes pouruees d'vn
seul & mesme office, dont seroit arriué

plufieurs differends entre eux : Pour à
quoy pouruoir & remedier comme il eſt
requis pour le bien de noz affaires & deſ-
charge de noſdites finances, & faire ceſſer
l'abus qui ſe commettoit aux prouifions
deſdites offices: Nous auons adreſſé & enuoyé à noz amez & feaux les gens de noz
Comptes à Paris, noz lettres de commiſ-
fion du vnzieſme Iuin dernier paſſé, auec
l'Arreſt donné en noſtre cõſeil le premier
iour dudiĉt moys, pour faire de rechef le
reglement & reduction deſdits payeurs,
ſur les differẽds meuz entre eux pour raiſon d'icelles prouifions, & mandé auſdits
gens de noz Comptes, que reprenant par
eux la verification qui ja auoit eſté faiĉte
en ladite annee quatre vingts huiĉt, par
les Commiſſaires qui furent lors par eux
commis & deputez ſur l'execution dudit
Ediĉt de reduction, ils feiſſent de rechef
proceder à la verification, tant des dattes
des prouifions de tous & chacuns leſdits
payeurs à preſent pourueus, que de la finance par chacun d'eux payee pour la cõ-
poſition de leurs Offices : Et encores depuis par autres noz lettres patentes du
quatrieſme Aouſt dernier expediees à la

E iij

diligence defdits payeurs reduits , & ainfi
pourueuz de proceder auffi bien & exa-
&tement à la verification des creations d'i-
ceux payeurs , & de tout faire & dreffer
memoires & eftats pour eftre rapportez&
renuoyez en noftre confeil auec leur aduis fur le tout en leurs loyautez & confcié-
ces, & comme vrays iuges des differends
qui fe pourroient mouuoir entre iceux
payeurs, pour raifon de leurfdicts Offices
pour y eftre iugé & terminé, à quoy ils
auroient fatisfait & rapporté le tout en
noftredit Confeil : auquel apres lefdicts
eftats, memoires & aduis defdits gens de
noz Comptes ont efté veuz & entendus,
& fur iceux bien & meurement deliberé
par les gens d'iceluy noftre Côfeil d'Eftat,
où eftoient aucuns Princes , Marefchaux
de France & autres grands & notables perfonnages : Par l'aduis d'iceluy auons dit,
declaré & ordonné, difons, declarons , &
ordonnons, voulons & nous plaift par ces
prefentes fignées de noftre main , que
l'Arreft donné par noftredicte Chambre
des Comptes le fixiefme Feurier, mil cinq
cens quatre-vingts huict, fur la reduction
defdits Payeurs, au nombre de Soixante,

ſera inuiolablemēt gardé & obſerué, de
point en point, ſelon ſa forme & teneur:
Et que ſuiuant iceluy conformement à
l'aduis deſdits gens de nos Comptes, du
ſeizieſme iour de Septembre dernier, à
nous enuoyé cy attaché, ſouz le Contre-
ſeel de noſtre Chancellerie : leſdits ſoixante Treſoriers & paieurs de noſtre Gendarmerie, ſeront prins & choiſis des plus
anciens pourueuz, & ſuiuant les dattes de
leurs prouiſions & ordre de leurs receptions, & d'iceux faict l'Eſtat qui ſera baillé & deliuré auſdits Treſoriers ordinaires
de noz guerres, pour eſtre doreſenauāt ē-
ployez à faire tous & chacuns les payements de noſtredicte Gendarmerie, auſdits gages de deux cens ſoixante ſix eſcus
deux tiers chacun, fors & excepté neantmoins les payeurs des Cōpagnies de noz
treſchers & treſamez couſins les Duc de
Rets , & Mareſchal de la Chaſtre, que
nous auons pour certaines bonnes conſiderations voulu eſtre comprins audit nō-
bre de Soixante, ſans auoir eſgard à l'ordre de leurs prouiſions , au lieu d'aucuns
de ceux dudit nombre qui ſont decedez
durant les preſens troubles : comme au

femblable, le payeur de la compagnie du
dit fieur Conte de Vertus , que nous aurions cy deuant admis audit nombre a
lieu & place de l'vn defdits retenuz , qu
feroit auffi decedé durant lefdits prefen
troubles : Et ce moyennant finance qu'i
auroit payée en noz parties cafuelles pou
le fupplément de fondit Office , comm
les autres payeurs d'iceluy nombre , fui
uant les claufes & conditions d'iceluy E-
dict. Et parce que faifât cefte grace à ceu
defdits payeurs retenuz , qui eftoient de-
cheuz & priuez de leur lieu & place , tant
pour auoir demeuré en noz villes rebelles contre noz Edicts & declaration , que
pour n'auoir fatisfaict audit fupplément
fuyuant ledit Edict de reduction, de les y
remettre & les reftablir & les faire iouir de
leurs Offices, il eft bien raifonnable de dô-
ner quelque contentement aux autres
defdicts payeurs , qui moyennant ledict
fupplément font par leur defaut entrez en
leur lieu , & nous ont faict feruice en
leurfdites Offices durant lefdits prefens
troubles , attendu mefmes qu'ils font fô-
dez fur la loy de nofdicts Edicts & declarations : Novs tant en leur faueur & cô-
fideration

sideration, que pour incliner à la supplication & requeste qui nous a esté faicte par
aucuns Princes, Mareschaux de France &
autres Seigneurs estãt pres de nous de retenir & admettre les payeurs de leurs cõpagnies au payement de nostre Gendarmerie, & nous seruir d'eux en leurs Offices, comme ont faict les Roys noz predecesseurs : Avons aduisé, voulu & ordonné, voulons & ordonnons par cesdictes presentes, que outre & par dessus ledit nombre de soixante retenuz suiuant
l'ordre des prouisions, il y aura vingt autres payeurs de nostredicte Gendarmerie
pour faire iusques à quatre vingts, qui seront prins, tant desdits payeurs qui e-
stoient reduits & retranchez, & qui ont
satisfait audit supplément au lieu & rang
de ceux qui les deuoyent preceder en ordre, & lesquels en sõt demeurez descheuz
& priuez, faute d'auoir obey à nosdicts E-
dicts & declarations, & payé leurdit supplement, que de ceux des compagnies
desdits Princes, Mareschaux de France &
Seigneurs, sans obseruer aucun ordre de
prouisions & receptions, reseruant le tout
à nostre nomination particuliere, pour

F

eſtre leſdicts vingt payeurs d'augmentation ainſi par nous retenuz couchez &
employez audit eſtat par Chapitre ſepar-
ſans toutesfois tirer à conſequence pour
l'aduenir ny preiudicier audit Arreſt, aya-
à ceſt effect entant que beſoin eſt, ou ſeroit, de nouueau remis & reſtablis, remet-
tons & reſtabliſſons iceux Threſoriers &
payeurs de noſtredite Gendarmerie au-
meſmes gages ordinaires & taxations extraordinaires que leſdits ſoixante, ſan-
qu'ils ſoient tenus prendre de nous autres
nouuelles prouiſions, que celles qu'ils on-
cy deuant euës, faire ny preſter autre nouueau ſermét que celuy qu'ils ont ja fait &
preſté pardeuant les Threſoriers ordinaires de noſdites guerres, ne bailler autres
cautions que celles qu'ils ont cy deuant
fournies : apres toutesfois que chacū deſdits vingts payeurs de creuë & augmentation, auroit fait apparoir auoir financé
en noz parties caſuelles la ſomme de vnze cens cinquante eſcus, ou le ſupplement
d'icelle, ainſi qu'ont fait & ſont tenuz faire leſdits ſoixante, & encores par ledict
nombre de vingt ainſi remis & retenuz,
outre & pardeſſus leſdits vnze cens cin-

quante escus chacun , la somme de deux
cens escus qu'ils payeront comptant , sans
demander ne pretendre autres gages, desquels vingt toutesfois aduenant vacation
par mort. Nous voulons estre estaints &
suprimez, comme aussi tous les autres iufques à ce qu'ils soient reduits & remis au
nombre premier de soixante, suyuant &
conformement audit Arrest de reduction
sans que pour quelque cause & occasion
que ce soit il y soit & puisse estre pourueu.
Ce que defendons tres-expressement, de-
clarant dés à present toutes prouisions,
qui en pourroient estre expediees par importunité ou autrement, nulles & de nul
effect & valeur, & desquels retenuz aduenant qu'ils s'en trouuast aucuns qui fussent recogneuz non encores vouez à
nostre seruice, ou demeurans en villes qui
nous soient rebelles, seront tenuz se reti-
rer pardeuers nous & nous faire le sermēt
de fidelité dans six sepmaines apres la verification, & publication de ceste nostre
declaration, & à faute de ce faire nous les
declarons dés à present priuez de leurs
Offices purement & simplement, sans es-
poir d'y rentrer, comme aussi où il se trou-

ueroit que aucuns d'iceux payeurs, tant
dudit nombre de soixante que dés vingt
fussent negligens de payer le supplement
de ladite finance, iusques à la somme de
vnze cens cinquante escus qu'ils sont tous
tenuz payer, outre les deux cens escus à
quoy chacun desdicts vingt ont esté n'a
gueres taxez, aux termes, à sçauoir pour
ceux residens hors ceste nostre ville de
Paris, dans vn moys, & pour ceux qui
sont residans en icelle ville, dans huict
iours, le tout apres ladite verification &
publication de ces presentes, Nous voulons & ordonnons qu'il soit pourueu en
leurs places & offices, & y seront receuz
ceux desdits reduits qui suyuent en l'ordre de leurs prouisiõs & receptiõs, en payãt
le supplément, s'ils en doiuent aucun, sans
qu'ils puissent plus esperer ny pretendre
d'y entrer à l'aduenir : & pour le surplus
desdits payeurs qui se trouueront pourueuz desdites offices excedant ledit nombre de quatre vingts, demeurerõt reduits
& renuoyez par deuers lesdits gens de noz
Comptes, pour leur constituer rente de
ce qui se verifiera auoir esté par chacun
d'eux payé en noz parties casuelles, ius-

ques à ce que selon l'ordre de leurs prouisions ils puissent apres lesdits vingt d'augmentation, entrer audit nombre de soixante, à mesure que vacation aduiendra
de ceux desquels ledit nombre est remply
suiuant & conformement audit Edict de
reduction. Si DONNONS EN MANDE-
MENT à noz amez & feaux Conseillers
lesdits gens de noz Comptes à Paris, que
ceste presente nostre declaration, vouloir & intention ils fasent lire, publier &
enregistrer, & le contenu en icelle garder
& obseruer de point en point, inuiolable-
mét selō sa forme & teneur, sās aller ne venir au contraire en quelque sorte & maniere que ce soit : faisant & laissant iouïr
tous lesdicts payeurs des priuileges, exē-
ptions & de toutes autres choses à eux cō-
cedees & accordees par iceluy Edict de
creation, comme aussi nous leur conce-
dons & accordons par cesdictes presentes,
ausquelles nous auons voulu ledict estat
des noms & surnoms desdits payeurs anciens retenuz desdicts vingt de creuë &
d'augmentation estre attaché sous le con-
treseel de nostredicte Chancellerie. Car
tel est nostre plaisir nonobstant quelcon-

ques ordonnances faictes sur l'ordre &pa-
yement de nostredicte Gendarmerie &
autres à ce contraires, ausquelles pour ce
regard nous auons derogé & derogeons
par cesdictes presentes. Donné à Paris le
seiziesme iour d'Octobre, l'an de grace
mil cinq cens quatre vingts quatorze. Et
de nostre regne le sixiesme Ainsi signe,
Par le Roy. De Neufuille , Et seellé du
grãd seau de cire iaune, sur double queuë,
Et à costé est escrit, Registré en la Chambre des Comptes, oy sur ce le Procureur
general du Roy , aux charges contenuës
en l'Arrest du iourd'huy sur ce interuenu.
Faict le vingt-neufiesme iour de l Iouem-
bre, mil cinq cens quatre vingts quatorze. *Signé,* DE LA FONTAINE.

VEV par la Chambre les lettres patentes
du Roy , donnees à Paris , le seiziesme
iour d'Octobre dernier passé, signees, Par le Roy,
DENEVFVILLE. Par lesquelles ledit seigneur de l'aduis de son Conseil, dit, declare & ordonne, veut & luy plaist, que l'Arrest de ladite
chambre du sixiesme Feburier quatre vingts
huict, donné sur la reduction des payeurs des compagnies, au nombre de soixante, soit inuiolable-

ment gardé & obſerué de point en point, ſelon ſa
forme & teneur, & que ſuiuant iceluy & conformement à l'aduis de ladite chambre, du ſeizieſme iour de Septembre auſſi dernier, leſdits Soixante Threſoriers & payeurs de ſa Gendarmerie ſoient prins & choiſis des plus anciens pourueuz, & ſuiuant la datte de leurs prouiſions &
ordre de leurs receptions : & d'iceux fait l'Eſtat
qui ſera baillé & deliuré aux Threſoriers ordinaires des guerres, pour eſtre doreſenauant employez à faire tous & chacuns les payemens de ſadite Gendarmerie, aux gages de deux cens ſoixante ſix eſcus deux tiers chacun, fors & excepté neantmoins les payeurs des compagnies deſes
treſchers & treſamez Couſins les Duc de Rets,
& Mareſchal de la Chaſtre, que ledit Seigneur
pour certaines conſiderations, a voulu eſtre comprins au nombre des Soixante, ſans auoir eſgard
à l'ordre de leurs prouiſions, au lieu d'aucuns de
ceux dudit nombre qui ſont decedez durant les
preſens troubles. Comme au ſemblable le payeur
de la compagnie du Sieur Comte de Vertus, que
ledit Seigneur auroit cy deuant admis audit nombre, au lieu & place de l'vn deſdits retenuz, qui
ſeroit auſſi decedé durant leſdits preſens troubles,
& ce moyennant finance qu'il auroit payee és parties caſuelles de ſadite Maieſté, pour le ſupplémĕt

de sondit Office, comme les autres Payeurs d'iceluy nombre, ainsi que plus au long le contiennent
lesdites lettres : l'estat faict au Conseil, le seizie-
me Octobre dernier, signé, HENRY. Et
plus bas, DENEVFVILLE. des quatre-vingts
Payeurs de la Gendarmerie de France que le Roy
veut estre tenus, prins & choisis, pour faire do-
res-nauant tout le payement de sadite Gendarmerie : L'aduis de ladite Chambre du seiziesme
Septembre, aussi dernier, l'acte d'opposition formé à la verification desdictes lettres de Declaration par Guillaume le Peuple ancien Payeur de
ladicte Gendarmerie, le dixhuictiesme iour de ce
present moys & an. L'arrest d'icelle Chambre interuenu sur lesdites lettres, le vingt-vniesme dudit moys de Nouembre, par lequel elle auroit ordonné, que au parauant que proceder à la verification d'icelle, qu'elles seroient communiquées
aux Thresoriers & Payeurs de ladite Gendarmerie qui y peuuent pretendre interest, pour eux
oys, ordonner ce que de raison. Autres lettres
patentes dudict Seigneur, donnees à Sainct Ger-
main en Laye, le vingt-cinquiesme iour dudict
moys de Nouembre an present, signé, HENRY.
Et plus bas Par le Roy. RVZE. Contenant Iuf-
sion & Mandement tres expres à ladite chābre,
de proceder à la verification pure & simple desdites

dites lettres de declaration, sans y vser d'aucune
restrinction ne modification, sans auoir esgard
aux remonstrances & oppositions faictes par aucuns desdits Payeurs, dont ledit Seigneur a reserué à son conseil la cognoissance, ainsi que plus au
long le contiennent lesdites lettres. Les lettres
& clauses de sa Majesté du vingt-sixiesme iour dudit moys de Nouembre audit an, signees de sa
main. Et plus bas, FORGET. par lesquelles ledit Sieur mande en outre, tres-expressement à ladite Chambre de proceder le plus promptement
que faire se pourra à ladite verification, sans y
vser d'aucune difficulté : les conclusions du Procureur general du Roy, auquel le tout a esté com-
muniqué, & tout consideré, LA CHAMBRE
a ordonne lesdictes lettres de declaration & estat
des Payeurs que sa Majesté a ordonné estre retenuz, y attaché, estre registré sans preiudice des
oppositions, pour lesquelles les parties se retireront
pardeuers le Roy, & Messieurs de son Conseil. Fait le vingt-neufiesme iour de Nouembre, l'an mil cinq cens quatre-vingt & quatorze : & au dessouz, est escrit, Extraict des
Registres de la Chambre des Comptes.

Signé.   DE LA FONTAINE.

ESTAT DES QVATREVINGTS

Threforiers Payeurs de la Gendarmerie de
Frãce que le Roy veut estre retenuz prins & choisis, pour faire dorefen.iuãt tous les Payemẽs de fa-
dite Gẽdarmerie, à fçauoir Soixãte, felõ l'Arreſt
de fa Chambre des Comptes, du fixiefme Feurier
mil cinq cens quatre-vingts huiĉt, donné fur la
verification de l'Ediĉt de Reduĉtion d'iceux
Payeurs, faiĉt par le feu Roy dernier decedé, au
mays de Septembre mil cinq cens quatre-vingts
fept, tant du nombre de ceux qui furent retenuz
des ladite année mil cinq cens quatre-vingts huit,
par ladite verification, leurs Refignataires, que
de ceux qui auoient efté reduits & renuoyés en
leurs maifons pour auoir la rente de la finance
payee pour la compofition de leurs Offices, lefquels viennent à prefent par l'ordre de leurs prouifions & receptions pour entrer & remplir les
places d'aucuns decedez dudit nombre de Soixante, excepté toutesfois les Payeurs des compagnies
des Seigneurs Duc de Rets, & Marefchal de la
Chaftre, que le Roy a voulu pour bonnes confide-
rations eftre comprins audiĉt nombre de Soixante, fans auoir efgard à l'ordre de leurs prouifions
comme au femblable, Pierre Stample auffi

Payeur de ladite Gẽdarmerie qui a esté cy deuãt receu audit nombre, au lieu de Pierre du Val, l'vn desdicts retenuz decedé durant les presens troubles, & vingt autres du nombre desdits reduits: Partie desquels ont esté admis au supplémẽt de leurs Offices, & ont faict seruice à sa Majesté durant lesdits troubles, au lieu & place d'aucuns d'iceux retenuz, qui en estoient descheuz, pour n'auoir satisfaict audit supplément, ainsi qu'ils estoiẽt tenuz par ledit Edit de Reduction, en consideration dequoy sadite Majesté a trouué raisonnable de les continuer en la iouissance desdicts Offices, & augmenter ledit nombre de Soixante. Et l'autre partie qui est composee des Payeurs des compagnies d'aucuns Princes Mareschaux de France, & autres Seigneurs de sa Cour & suitte: A la priere & supplication desquels icelle sadite Majesté leur a accordé de s'en seruir au payemẽt de sadicte Gendarmerie, & ordonné lesdicts vingts Payeurs d'augmentation estre employés au present Estat par Chapitre separé, sans garder ny obseruer aucun ordre de prouisions & receptions, s'en estant sa Majesté pour plus ample gratification, reserué la nomination, le tout conformement à la declaration ce iour d'huy faite par sa Majesté sur l'aduis à elle donné par les gens de sesdicts Comptes à Paris, pour l'execution du

G ij

dit *Edict*, sans que lesdicts quatre vingts *Thre-*
soriers & Payeurs, se puissent à l'aduenir intitu-
ler *Payeurs* d'vne particuliere compagnie : ains
seulement *Payeurs* de la *Gendarmerie*, pour estre
payez de leurs gages par les *Thresoriers* ordinaires
de ses guerres, de quartier en quartier, encores
que sadite gendarmerie ne feist monstre : desquels
Thresoriers & Payeurs, & selon ledit ordre desdites prouisions, les noms & surnoms ensuiuent.

PREMIEREMENT.

IAQVES Richer qui fut pourueu le
cinquiesme Mars lvij. payeur de la
compagnie du sieur de Malicorne:
cc. lxvi. escus. ii. tiers.

Ledit Richer encores pourueu le xj. Iuin. lix.
payeur de la compagnie du sieur de Pienne,
cc. lxvj escus ii. tiers.

François du Pôt pourueu le xxiij. Septembre.
lxiij. Payeur de la compagnie du sieur de Lon-
gueille.   cc. lxvi. escus ii. tiers.

Estienne Vacher pourueu le xxv. Feburier.
lxv. de l'Office de payeur, de la compagnie du
feu sieur de Sauoye.   cc. lxvi. escus. ii. tiers.

Pierre Bermond pourueu le septiesme Iuillet.
lxv. qui estoit payeur de la compagnie du feu

sieur Comte de Tande. cc. lxvi. escus ii. tiers.

Loys Hubaut pourueu le neufiesme Iuin, lxx. payeur pour la compagnie du sieur de Chemerault.   cc. lxvi. escus ii. tiers.

Nicolas Guenard pourueu le quatriesme Auril, lxxj. Qui estoit Payeur de la compagnie du feu sieur de Montluc. cc. lxvi. escus ii. tiers.

Hugues le Febure pourueu le huictiesme Iuillet. lxxij. payeur pour la compagnie du sieur de Vauguyon.   cc. lxvi. escus ii. tiers.

Iacques Desfilets pourueu le dix-neufiesme Iuillet, lxxij. payeur à present du sieur Maugiron.   cc. lxvi. escus, ii tiers.

Pierre Berault pourueu le neufiesme Aoust, lxxij. Qui estoit payeur de la compagnie du feu sieur de Thoré.   cc. lxvi. escus ii. tiers.

Iean Douet pourueu le xvij. Septembre. lxxij. Qui estoit payeur de la compagnie du feu sieur de Carrouges.   cc. lxvi. escus ii. tiers

Noël Barbillon pourueu le vingt-deuxiesme Octobre, lxxij. Qui estoit payeur de la compagnie du feu sieur Duc D'aumalle. cc. lxvi es. ii t.

Pierre Aubin pourueu le xxix. Octobre, lxxij. Qui estoit payeur de la compagnie du feu sieur de Meru.   cc. lxvi. escus ii. tiers.

Iean le Seiller pourueu le vingt & vniesme Ianuier, lxxiij. Qui estoit payeur de la compagnie du feu sieur de la Tour.   cc. lxvi escus ii. t.

Claude Bouuot pourueu le trentiesme Mars, lxxiii. payeur de la compagnie du sieur Dantragues.   cc. lxvi. escus. ii. tiers.

Iean du Perray pourueu le vingt-vniefme
Iuing, lxxij. comme payeur de la compagnie
du Roy, eftant feulement Roy de Nauarre. cc.
lxvi. efcus ij tiers.

Denis Champflour pourueu le vnziefme Iuillet. lxxiij. Qui eftoit payeur de la compagnie
du feu fieur de Vaudemont. cc. lxvi. efcus ii. t.

Pierre le Sec pourueu le xxij. Iuillet. lxxiij.
Qui eftoit payeur de la compagnie du feu fieur
de Bellegarde.   cc. lxvi. efcus ii. tiers.

Michel Mufnier pourueu le feiziefme Nouẽ-
bre, lxxiii. Qui eftoit Payeur de la compagnie
du fieur Marquis du Pont à Mouffon. cc. lxvj.
efcus ij. tiers.

André Canaye pourueu le fiziefme Aouft.
lxxiiij. Qui eftoit payeur de la compagnie du
feu fieur Francifque d'Eft. cc. lxvi. efcus ii. tiers.

Gafpard de Merle pourueu le vingtiefme O-
ctobre. lxxiiij. Qui eftoit payeur de la Compagnie du feu fieur de Mandelot. cc. lxvi. efcus
ii. tiers.

Iean Boulanger pourueu le dernier Decembre, lxxiiij. Qui eftoit payeur de la compagnie
du feu fieur de Broffes.   cc. lxvi. efcus ii. tiers.

Adam Bajouë pourueu le vingtfixiefme Feurier, lxxv. comme payeur de la compagnie
du feu Prince de Dombes. cc. lxvi. efcus ii. t.

Claude Michel pourueu le quinziefme A-
uril, lxxv. comme payeur de la compagnie du
fieur grand Prieur de Champagne. cc. lxvi. ef.
ii tiers.

Iulian Collin pourueu le dernier Auril. lxxv. Qui eſtoit payeur de la compagnie du ſieur de Bourdeilles,   cc. lxvi. eſcus ii. tiers.

René Charlot pourueu le dix-huictieſme Aouſt, lxxv. comme payeur de la compagnie du ſieur de la Verdin.   cc. lxvi. eſcus ii. tiers.

Iean Faure pourueu le ſeizieſme Octobre, lxxv. Qui eſtoit payeur de la compagnie du feu ſieur de ſainct Heran.   cc. lxvi. eſcus ii. tiers.

Claude Bouuot encores pourueu le trentieſme Decembre. lxxv. payeur de la compagnie du ſieur de Lenoncourt. cc. lxvi eſcus ii. tiers.

Iean le Maiſtre pourueu le trentieſme Ianuier lxxvi. comme payeur de la compagnie du ſieur Duc Delbeuf.   cc. lxvi. eſcus ii. tiers

Florent Adam pourueu le ſeptieſme Feurier, lxxvi. Qui eſtoit payeur de la compagnie du ſieur de Carmain.   cc. lxvi. eſcus ii. tiers.

Pierre le Chaſtron pourueu le dernier Feurier, lxxvi. payeur de la compagnie du feu ſieur Deſtauges.   cc. lxvi. eſcus ii. tiers.

Balthazar Chauſſon pourueu le trentieſme May, lxxvi. payeur de la compagnie du ſieur Mareſchal de Mont-morancy defunct. cc. lxvi. eſcus ii. tiers.

Gabriel le Gallois pourueu le douzieſme Iuillet, lxxvi. payeur de la compagnie du feu ſieur de Maugiron, & à preſent par permutation & eſchange du ſieur de Souuré. cc. lxvi. eſcus ii. t.

Georges le Royer pourueu le neufieſme Aouſt, lxxvi. comme payeur de la compagnie du sieur Duc de Mercœur. cc. lxvi. escus ii. t.

Iean Iaquelin pourueu le vingtiesme Octobre. lxxvi. comme payeur de la compagnie du sieur de Bouille.　　cc. lxvi. escus ii. tiers.

Iean Morel pourueu le dixiesme Nouembre lxxvi. comme payeur de la compagnie du sieur Prince de Geneuois.　　cc. lxvi. escus ii. tiers.

Iaques de Vades pourueu le
iour de　　　　　lxxvi payeur de la compagnie du sieur de Brion.　　cc. lxvi. escus ii. t.

François Massilien pourueu le vnziesme Feurier, lxxvii. payeur de la compagnie du sieur de Suze.　　cc. lxvi. escus ii. tiers.

Pierre Mangeant pourueu le dixhuictiesme Mars, lxxvii. comme payeur de la compagnie du sieur de Bajaumont. cc. lxvi. escus ii. tiers.

Iean de Fleurs pourueu le vingt-cinquiesme Mars, lxxvii. Qui estoit payeur de la compagnie du feu sieur de Mirepoix. cc. lxvi esc. ii. t.

Iean Douet encores pourueu le vingt-cinquiesme Mars, lxxvii. Payeur de la compagnie du feu sieur Daubi-joux. cc. lxvi. escus ii. tiers.

Georges Iaupitre pourueu le vingt cinquiesme Mars, lxxvij. payeur de la compagnie du sieur de Rochebaron.　　cc. lxvi. escus ii. tiers.

Guillaume du Fayot pourueu le dernier Mars, lxxvii. payeur de la cõpagnie du feu sieur de Hautefort.　　cc. lxvi. escus ii. tiers.

Loys Baiouë pourueu le quattriesme Auril, lxxvii. comme payeur de la compagnie du sieur de la Vie-ville.　　cc. lxvi. escus ii. tiers.

Payeurs

Payeurs du nombre des reduicts à la rente à preſent remis audict nombre de ſoixante, ſelon l'ordre de leurs prouiſions & receptions és lieux & places d'aucuns decedez.

Blaize Martin pourüeu le ſixieſme May, lxxvii. payeur de la compagnie du ſieur de Cormiſſon.   cc. lxvi. eſcus ii. tiers.

Icatt Berault pourüeu le ſeizieſme Iuin, ſeptante ſept, payeur de la compagnie du ſieur de Feruaques.   cc. lxvi. eſcus ii. tiers.

Philippes Broſſeau pourüeu le dernier Iuin, ſeptante ſept, comme payeur de la compagnie du ſieur de Villequier l'aiſné. cc. lxvi eſcus ii. t.

Eſme le Gogue pourüeu le trezieſme Decébre, ſeptante ſept, payeur de la compagnie du ſieur de Balagny.   cc. lxvi. eſcus ii. tiers.

Iacques Cheuillard pourüeu le trentieſmé Decembre, ſeptante ſept, payeur de la compagnie du ſieur Comte de Rethelois. cc. lxvi. eſc. ii. tiers.

Nicolas Girard pourüeu le premier Ianuier, ſeptante ſept, qui eſtoit payeur de la compagnie du feu ſieur de la Chappelle aux Vrſins. cc. lxvi. eſcus ii. tiers.

Leon Habert pourüeu le quinzieſme Iuillet ſeptante huict, payeur de la compagnie du feu ſieur de Queylus.   cc. lxvi. eſcus ii. tiers.

Guy Bonnet pourüeu le huictieſme iour d'Aouſt, ſeptante huict, payeur de la compagnie du ſieur de ſainct Luc. cc. lxvi. eſcus ii. t.

H

Resignataires pourueuz és places d'aucuns qui estoient audit nombre de Soixante.

Pierre Stample pourueu par la resignation de Philippes Stemple son frere qui estoit entré au lieu & place de Pierre du Val l'vn desdits soixante retenuz , decedé durant les presens troubles, lequel sa Majesté a commandé estre comprins audit nombre de Soixante, & employé au present Chapitre. cc. lxvi. esc. ii. t.

Guillaume Boileau pourueu le iour de   par la resignation de Guillaume Boileau son pere, qui estoit payeur de la compagnie du feu sieur Marquis de Nesle. cc. lxvi. escus ii. tiers.

Claude de Champseu pourueu le   iour de   par la resignatiõ de Anthoine Charier qui estoit payeur de la compagnie du sieur Mareschal Daulmont.   cc. lxvi. escus ii. tiers.

Barthelemy du Pré pourueu le iour de   par la resignation de Pierre Amadon qui estoit payeur de la compagnie du feu sieur de Clermont de Lodesue. cc. lxvi. escus ii. tiers.

Loys Ioly pourueu le vingtneufiesme Iuillet quatre vingts douze, par la resignation de Anthoine Cœffier qui estoit payeur de la compagnie du feu sieur de S. Vidal. cc. lxvi. esc. ii. t.

Michel Cosson pourueu le iour de   par la resignation de Loys de Tours, qui estoit payeur de la com-

pagnie du ſieur de ſainct Chaumont.   cc. lvxi.
eſcus ii. tiers.

*Autres Payeurs que le Roy a commandé eſtre
employez & comprins audit nombre de Soixante, en faueur des ſieurs Mareſchaux de Rets,
& de la Chaſtre, ſans obſeruer l'ordre du datte
des prouiſions.*

CHarles Mazelin pourueu le vingt-ſeptieſ-
me Ianuier, quatre vingts ſept, payeur de
la compagnie du ſieur Mareſchal de la Chaſtre.
cc. lxvi. eſcus ii. tiers.

Nicolas Veillart pourueu le vingt-ſixieſme
Mars, quatre vingts ſept, payeur de la compagnie du ſieur Mareſchal de Rets.   cc. lxvi. eſc.
ii. tiers.

Nõbre deſdits Threſoriers & Payeurs, lx.

*Les vingts payeurs que ſa Maieſté a voulu eſtre
prins, retenuz & cy employez outre ledict nõbre
de ſoixante, tant de ceux qui ont eſté admis au
ſupplément de leurs offices, & les ont exercez durant les preſens troubles au lieu d'aucuns dudit
nombre de Soixante, qui n'y ont ſatisfaict, ny obey
audit Edict de reduction, que des payeurs des
compagnies des Princes, Mareſchaux de France & autres Seigneurs eſtans pres ſa Maieſté.
Le tout ſans obſeruer aucun ordre de prouiſions
& receptions: s'en eſtant ſa Maieſté pour plus
ample gratification reſerué la nomination, ainſi
qu'il enſuit.*

IEan Belin pourueu le dixhuictiesme Nouembre, septante & dixneuf, qui estoit Payeur du
feu sieur de la Fayette. cc.   lxvi. escus ii. tiers.

Eustache Veillart Payeur de la compagnie du
sieur de la Suze. c   c. lxvi. escus ii. tiers.

Paul Hardier qui a esté admis à payer supplément.   cc. lxvi. escus ii. tiers.

Claude Renaze, qui a esté admis audit supplément.   cc. lxvi. escus ii. tiers.

Pierre Bourdin payeur de la compagnie du
sieur Mareschal Dampuille, à present Conne-
stable.   cc. lxvi. escus ii. tiers.

Fortuné Niuellet, payeur de la compagnie
du sieur de la Barge.   cc. lxvi. escus ii. tiers.

Iean Bailly Payeur de la compagnie du sieur
de Montpensier pere   cc. lxvi. escus ii. t.

Loys Belle qui a esté admis audit supplément.
cc. lxvi. escus ii. tiers.

Sebastien Ioliueau payeur de la compagnie
du sieur Comte de Soissons, cc. lxvi esc. ij tiers.

Iean Faure payeur de la compagnie du sieur
Mareschal de Ioyeuse.   cc. lxvi. escus ii. tiers.

Pierre Parfaict payeur de la compagnie du
sieur de Rohan.   cc. lxvi. escus ii. tiers

Bertrand le Picard payeur de la compagnie
du sieur Duc de Bouillon.   cc. lxvi. escus ii. t.

Pierre Guetrotte qui a aussi esté admis audict
supplément.   cc. lxvi. escus ii. tiers.

Claude Meige paieur de la compagnie du
sieur Prince de Dóbes, à present sieur de Montpensier   cc. lxvi. escus ii. tiers.

François de Marzelay qui a esté admis audict
supplement · · · · · · · · · · cc. lxvi. escus ii. tiers.
Remond Forget payeur de la compagnie du
sieur Prince de Conty. · · cc. lxvi· escus ii. t.
Charles Rousseau payeur de la compagnie du
sieur Duc de Neuers. · · cc. lxvi. escus ii. tiers.
Guillaume Bonnet payeur de la compagnie
du sieur Mareschal de Biron. cc. lxvi. escus ii. t.
Nicolas Tourtier payeur de la compagnie du
sieur Comte de sainct Paul. cc. lxvi. escus ii t.
Gratian de Plaix, qui a esté admis audit supplement. · · · · · · · · · cc. lxvi. escus ii. tiers.

Nombre total desdits Payeurs, LXXX.

LEquel susdict nombre de quatre vingts Thresoriers & payeurs de la Gendarmerie, le Roy
ne veut pour quelque cause & occasion que ce soit
estre si apres augmenté, ains iceluy estre reduit suiuant l'Edict du mays de Septembre, mil cinq cens
quatre vingts sept, audit premier nombre de soixãte, à mesure qu'ils viendront à vacquer, sans qu'aucun des reduits y puisse rentrer en ordre iusques à
ce que ladicte reduction de soixante ait esté effe-
ctuee : faisant à ceste fin defenses aux Thresoriers
ordinaires des guerres de payer à ceux desdits reduits qui par surprise ou autrement pourroient ob-
tenir lettres au contraire, aucuns gaiges au lieu des
decedez, à peine de radiation & de pure perte.
Faict au conseil du Roy tenu à Paris, le seiziesme

iour d'Octobre mil cinq cẽs quatre vingts quator-
ze. Signé, HENRY. Et plus bas, DE-NEVFVILLE.
Et à costé est escrit , Regiſtré en la chambre des
Comptes , oy ſur ce le Procureur general du Roy,
aux charges cõtenues en l'Arreſt du iourd'huy ſur
ſur ce interuenu. Faict le vingt neufieſme iour de
Nouembre, mil cinq cens quatre vingts quatorze.
Signé.   DE LA FONTAINE.

DECLARATION DV ROY

Henry IIII. sur le faict des taxa-
tions ordinaires attribuees ausdicts
payeurs de la gendarmerie.

HENRY par la grace de Dieu Roy de France, & de Nauarre, A tous ceux qui ces presentes lettres verront, Salut. Le feu Roy Henry dernier decedé, nostre tres-honoré sieur & Frere, que Dieu absolue, reduisant les payeurs de la gendarmerie au nombre de soixante, ordonna qu'ils supleroient la finance portee par son Edict du mois de Septembre quatre vings sept, verifié le sixiesme Feburier suiuant: & auroient à l'aduenir, la qualité des Tresoriers payeurs de toute la gendarmerie de France, demeurans neantmoins titulaires des compagnies dont ils estoient lors pour-ueus: regler par mesme moyen leurs gages & droicts, & qu'il leur seroit payé vingtcinq escus de taxation par quartier

pour chacune môstre, & payement qu'ils
feroient des compagnies dont ils n'e-
ftoient titulaires, ainfi qu'il eftoit accouftumé : N'eftans lors lefdittes compagnies compofees, les vnes que de cinquante hommes, & aucunes de cent Ce
que lefdits Treforiers, payeurs de noftre gendarmerie nous ont faict temon-
ftrer auoir touliours depuis efté prati-
qué, & par nos eftats lefdites taxations
efté employees & laiffees en fonds : mefmes iufques à cinquante efcus par quartier pour les compagnies que nous auôs
depuis doublees & compofees de deux
cens hommes, tant en confideration des
taxes qui fe rencontrent ordinairement
en la diftribution & debit des deniers qui
leurs font fournis pour lefdits payemens,
que des grands frais, peine & trauail qui
leur conuient employer à faire faire l'ex-
pedition & fignature de quatre roolles
par monftre, à chacun des chefs, hommes d'armes, & officiers verification &
endoffemens des procurations, certifi-
cations & acquits qui fe rapportent auf-
dictes monftres : felon les occafions &
qu'il eft par nous ordonné : Et lefdittes

taxations

taxations esté passees purement en nostre Chambre des Comptes de Paris en
tous les comptes rendus par les Tresoriers generaux de l'ordinaire de la guerre, sans aucune difficulté : fors & excepté en celuy de l'annee mil six cens
cinq, rendu par M. Nicolas de Lancy.
Auquel nostre ditte chambre auroit rayé
purement celles y employees sous le
nom de M. Iean Royer & autres payeurs,
& ordonné que tous les comptes precedans esquels semblables taxations auoiét
esté passees, seroient mis à la correction,
sur la difficulté formee au iugement dudit compte. Que lesdits payeurs de la
gendarmerie estoient tenus de faire le
payement de la compagnie dont ils
estoient titulaires sans aucune taxation;
& que icelle ne faisant monstre, il y a-
uoit apparence de conclure qu'ils de-
uoit au lieu, estre obligez de faire le payement d'vne autre compagnie entretenuë
sans frais ny taxation. Combien que par
ledict Edict il n'en soit rien porté, ny
lesdits payeurs obligez à ce faire, autrement ils auroient esté rendus de pire có-
dition qu'auparauant, au lieu de la melio-

rer pour la nouuelle finance qu'on leur
fit payer en vertu dudit Edict de quatre
vingt-sept, puisque auparauant iceluy ils
prenoient desia lesdites vingt cinq escus
pour les payements des compagnies dõt
ils n'estoient titulaires : Et ce qui est ex-
primé par ledit Edict que lesdicts payeurs
demeureroient encores titulaires des
compagnies, ausquelles ils estoient auparauant affectez, fut seullement pour
astraindre iceux payeurs en general à
obeir audit Edict, & specialement ceux
qui ne vouloient prendre la qualité de
payeurs de toute la gendarmerie, en
quittant & perdant le tiltre & le payemét de leurs compagnies affectees. D'au-
tant que c'estoient Princes ou grands
Seigneurs qui pour lors en estoient les
chefs, desquelles les compagnies seules
estoient entretenues. Tellemét que pour
leur conseruer lesdits payements au preiudice du general, & les ranger neantmoins aux termes dudict Edict, il fut
mis par iceluy, que lesdits payeurs n'auroient aucune taxation des monstres des
compagnies dont ils estoient titulaires,
afin que se voyants priuez de taxation

qui tient lieu de recompenſe & ſalaire,
pour frais & depenſes qu'il conuient faire auſdits payemens : ils ſe relaſchaſſent
plus facilement à faire le payement des
autres compagnies, deſquelles ils pou-
uoient prendre taxation. Et d'ailleurs ſi
chacun deſdits payeurs eſtoit tenu de faire monſtre ſans taxation d'vne compagnie de gendarmes, l'attribution de la
taxation portee par l'Edict ſeroit inutille,
& tel payement luy pourroit eſtre baillé
à faire pour vn ſeul quartier, en lieu ſi
eſloigné que les gages d'vne annee entie-
re ne ſeroient à beaucoup pres ſuffiſans
pour en porter la depéſe & frais. Et pour
d'auantage eſclaircir que ce n'a point eſté
l'intention dudit Edict. Il eſt expreſſe-
ment porté par iceluy que ſi leſdits
payeurs ſont departis en nos camps &
armees ou prouinces lointaines, où ils ſeroient contraincts de faire vn ſeiour pour
faire leſdits payemens, taxe leur ſera faicte en noſtre conſeil : Mais quand il n'y
auroit autre raiſõ pour eux que ladite ta-
xatiõ ordinaire a eſté employee en tous
nos Eſtats, & que ce ſeroit vne recõpenſe,
ou pure gratification que nous leurs au-

rioas voulu faire, il n'eſt aucunement
beſoing de rechercher l'auctorité ny autre interpretation dudit Edict pour le
leur conſeruer. Et ſuffit de noſdits Eſtats
& de tant d'arreſts enſuiuis, en leur faueur ſur les comptes rendus depuis ledit
Edict, par leſquels noſtre dicte Chambre
auroit paſſé purement ladicte taxation,
& reſtably l'augmentation que nous leur
aurions faicte pendant les troubles, laquelle elle auoit rayee puremēt & reduicte
à l'ordinaire de vingt cinq eſcus, qui n'a
oncques receu aucune agitation ny con-
trouerſe. De ſorte que ſi leſdits payeurs en
eſtoient priuez ils receuroient vn trop
grand preiudice, & ne pourroient vacquer au faict deſdictes monſtres, auec le
ſoing, fidelité, vigilance, & integrité re-
quiſe. A CES CAVSES, Ayans faict
voir en noſtre Conſeil, tenu ſur le faict
de noſtre gendarmerie ledit Edict de
quatre vingt ſept. Les Eſtats expediez
pour la plus part des compagnies de preſent entretenues, auec l'Arreſt de radiation de noſtredicte Chambre des Comptes, les extraicts d'aucuns des comptes
des Treſoriers de l'ordinaire de la guer-

re, precedans & subsequans celuy dudit
de Lancy, esquels lesdictes taxations ont
esté passees purement, mesmes en celuy
de ladicte annee quatre vingt cinq, rendu par M. François Olier, compagnon
d'Office dudit de Lancy : le tout cy attaché sous nostre contrescel. Nous en con-
sequence du susdit Edict, & declarations
ensuiuies , & iceux interpretant. Auons
declaré & declarons nostre intention
auoir esté & estre, de conseruer ausdits
Tresoriers payeurs de nostre gendarmerie lesdites taxations de soixãte & quinze
liures valleur de vingt cinq escus, pour les
payemés des cõpagnies cõposees de cin-
quãte& de cẽt d'hõmes d'armes, & de sept
vingt dix liures pour celles doublees &
compowsees de deux cens hommes, par
eux prises & perceues du passé, & que
pour l'auenir ils soient maintenus comme nous les maintenons en la iouissance d'icelles, lesquelles à ceste fin nous
leur auons de nouueau, en tant que be-
soin seroit, attribuez & attribuons par
ces presentes à la susditte raison pour
toutes les compagnies de nosdittes ordonnances, dont ils feront les payemẽts

autres que celles toutesfois dont aucuns
d'eux fe pourroient encores maintenant
trouuer titulaires, lefquelles lefdits titulaires feront tenus faire fans taxation lors
qu'ils feront departis fuiuant lefdits Edits
& leur premiere inftitution & non autres
pour icelles equipoler. Si DONNONS EN
MANDEMENT, à nos amez & feaux lefdicts
gens de nos Comptes à Paris, que cefdit-
tes prefentes ils facent regiftrer , garder
& obferuer, & de l'effect & contenu lefdits Treforiers payeurs de noftre gendarmerie, iouyr & vfer plainement & paifiblement : ceffans & faifans ceffer tous
troubles & empefchemens au contraire,
& ce faifant reftablir, paffer & allouer purement & fimplement au compte dudict
de Lancy, de laditte annee de quatre
vingt cinq, laditte fomme de fept vingt
dix liures & autres parties rayees purement en iceluy, fous le nom dudit Royer
& autres payeurs, auec toutes les fembla-
bles qui pourroient en confequence dudict Arreft auoir efté pareillement rayees
és autres comptes fubfequens dudit ordinaire des guerres, fans aucune reftrin-
ction, modification ny difficulté, nonob-

ſtāt leurs Arreſts de radiatiõ, cauſes moti-
ues d'iceux & toutes autres choſes à ce cõ-
traires. Auſquels & aux derogatoires des
derogatoires nous auons derogé & derogeons par ceſdites preſentes, car tel eſt
noſtre plaiſir, en teſmoin dequoy, nous
auons faiɑt mettre noſtre Seel à ceſdittes
preſentes, Donnees à Paris le huiɑtieſ-
me iour de May, l'an de grace mil ſix
cens huiɑt, & de noſtre regne le dixneu-
fieſme, Signé Henry. Et ſur le reply, par
le Roy, Brulart. Etſeellees du grád Seelde
cire iaune ſur double queuë, & ſur ledit
reply eſt eſcrit : Regiſtrees en la Chambre des Comptes, ouy le Procureur general du Roy, pour iouyr par les impe-
trans de l'effeɑt & contenu en icelles ſelon leur forme & teneur, le penultieſmé
Aouſt, mil ſix cens huiɑt.

Signé,   De la Fontaine.

PRIVILEGE DV ROY.

PAr grace & priuilege du Roy il eſt permis
GILLES ROBINOT Marchant Libraire d'imprimer ou faire imprimer, vendre & diſtribuer
tous les Edicts, Ordónances & Declarations du
Roy, pour le faict de la Gendarmerie : & deſ-
fences ſont faictes à tous Libraires & Impri-
meurs & autres de quelle qualité ou condi-
tió qu'ils ſoiët d'imprimer ou de diſtribuer leſdicts Edicts ſans le congé & conſentement dudict Robinot ſur peine de quinze cens liures
d'amende, applicables moytie à nous, l'autre
moytié aux pauures : deſpens dommages & In-
teretz dudict Robinot & ce pour le temps &
terme de ſix Ans finis & accomplis, Comme
plus à plain eſt declaré és lettres patentes donnees à Paris le huitieſme Iour de Septembre.
1608.
Signé

Par le Roy en ſon Conſeil.
LE ROYER.